Un voleur à la cantine !

Petit à petit, je lis

MES PREMIERS ROMANS À LIRE TOUT SEUL

Cette histoire a été écrite pour être accessible aux élèves de CP, dès qu'ils commencent à déchiffrer :

- le **texte est court**,
- il est divisé en **trois chapitres** qui rythment la lecture,
- il a été **testé par un professeur des écoles** afin d'éviter les difficultés de lecture,
- les mots difficiles sont **expliqués sur le rabat,**
- l'histoire est suivie de **jeux** afin de s'assurer que l'enfant a bien compris l'histoire.

Cette histoire a aussi été écrite pour donner aux enfants le goût de lire seul, sans l'aide d'un adulte.

Enfin, cette histoire a été imaginée pour **passionner, émouvoir, faire rire** et **rêver** son lecteur, parce que **quand on aime lire, c'est pour toute la vie !**

L'éditeur remercie Christophe Dupuy, professeur des écoles.

ISBN : 978-2-7470-8351-5
Dépôt légal : février 2018
Loi n° 49-956 du 16 juillet 1949 sur les publications destinées à la jeunesse.

Achevé d'imprimer en décembre 2017 par Pollina
85400 LUÇON - N° Impression : 83407C
Imprimé en France

Un voleur à la cantine !

écrit par Anne Rivière

illustré par Marie Leghima

bayard jeunesse

Menu

Chapitre 1

Vol à la cantine

Aujourd'hui, quand Lilou et Sékou arrivent à la cantine, il n'y a que les assiettes et les verres sur les tables. Sonia et Nadine, les dames de cantine, sont très énervées : le chef cuisinier est déjà parti et les couverts* ont disparu !

Nour s'affole :

– On a volé les couverts !

Il y a un voleur dans l'école !

Tom la rassure :

– Calme-toi, Nour ! C'est sûrement le cuisinier qui a rangé les couverts à une autre place.

Samir râle :

– Comment va-t-on manger ?

– Avec nos doigts ! répond Inès. Ce sera rigolo !

Au menu, il y a des tomates, des cuisses de poulet, des frites et des pommes. C'est facile à manger, même sans couverts. Les élèves sont ravis.

Au dessert, Lilou se faufile* dans la cuisine avec Sékou. Elle regarde dans les tiroirs. Sékou cherche dans les placards. Les couverts ne sont nulle part.

Lilou regarde l'entrée et dit :

– La porte n'est pas cassée. Celui qui a volé les couverts avait donc la clé. Bizarre !

Chapitre 2

La directrice a disparu !

Sonia demande à Lilou et à Sékou d'aller chercher madame Dupuis, la directrice.
Mais madame Dupuis n'est ni dans son bureau, ni dans sa classe de CM2.

– Ça alors ! s'écrie Lilou. On dirait que madame Dupuis a disparu, elle aussi !

Lilou raconte tout à la maîtresse qui rit :
– Quelle idée, Lilou ! Madame Dupuis est rentrée à sa maison pour le repas de midi, c'est tout !
Lilou et Sékou sont rassurés.
Mais à la récréation de l'après-midi, madame Dupuis n'est pas dans la cour, et ses élèves non plus ! Lilou et Sékou décident d'aller voir ce qui se passe.

4
+ 5
?

En arrivant devant la porte du CM2,
Sékou entend de drôles de bruits :
« Bing, clang ! Bonk ! »
Il entend aussi des voix. Il dit à son amie :
– Il se passe des choses bizarres là-dedans !

BING
BONK
CLANG

Lilou voit un objet qui dépasse sous la porte.
Elle tire dessus et l'attrape.
C'est une fourchette de la cantine !

Chapitre 3

Le secret des CM2

Lilou s'écrie :

– Le voleur a perdu cette fourchette en entrant dans la classe ! Je suis sûre qu'il est encore là !

Sékou ajoute :

– C'est à cause de lui que les enfants crient ! Vite, allons chercher notre maîtresse !

Les deux amis filent dans la cour. Sékou parle à la maîtresse à toute vitesse. La maîtresse lui répond en riant :

– Il n'y a pas de voleur dans l'école, Sékou ! Je suis sûre que madame Dupuis et ses élèves vont très bien ! Mais allons voir ce qui se passe.

Quand la maîtresse frappe à la porte
du CM2, Lilou serre fort la main de Sékou.
Elle n'est pas rassurée du tout !
La porte de la classe s'ouvre...

Dans la classe, il n'y a pas de voleur : juste madame Dupuis et ses élèves qui parlent et rient parce qu'ils sont fiers de leurs belles sculptures. Des sculptures qu'ils ont réalisées avec... les couverts de la cantine !

– Voici notre petit musée ! dit madame Dupuis.

Puis elle raconte :

– Le cuisinier nous a prêté les couverts pour la journée. Nous voulions faire une surprise à toute l'école.

De retour dans la cour,

Lilou annonce à ses amis :

– On a trouvé le voleur de couverts !

Élise s'écrie :

– J'espère que la police va l'arrêter !

Sékou sourit et dit :

– Ça, ce n'est pas sûr...

JEUX

À TOI DE MENER L'ENQUÊTE !

Aide Lilou et Sékou à résoudre ces énigmes.

1. Qui a dit quoi ?
Trouve quel personnage a prononcé quelle phrase.

1. « Il se passe des choses bizarres là-dedans ! »
2. « Voici notre petit musée ! »
3. « Quelqu'un a volé les couverts ! »
4. « On a trouvé le voleur de couverts ! »

A.  B.  C.  D. 

2. Quel mot n'appartient pas à l'histoire que tu viens de lire ?

- ☐ Couverts
- ☐ Musée
- ☐ Restaurant
- ☐ Serrure

3. Voici des devinettes… Trouveras-tu la bonne réponse ?

1. Elles sont énervées parce que les couverts ont disparu. Ce sont ?

2. Ils sont ravis de manger avec leurs doigts. Ce sont ?

3. Elle espère que la police va arrêter le voleur. C'est ?

4. Le vent a soufflé si fort que l'histoire que tu viens de lire est tout en désordre. Remets les phrases dans le bon ordre.

A. Lilou trouve une fourchette sous la porte du CM2.

B. Lilou et Sékou découvrent le petit musée des CM2.

C. Madame Dupuis a disparu.

D. À la cantine, les élèves découvrent que les couverts ont disparu.

E. Les élèves mangent avec les doigts.

Réponses : Jeu n°1 : 1-C, 2-A, 3-D, 4-B. Jeu n°2 : Restaurant.
Jeu n°3 : 1 : Les dames de cantine. 2 : Les élèves. 3 : Élise. Jeu n°4 : D-E-C-A-B.